MEIN WALLIS
MON VALAIS
MY VALAIS

Franco Pfaller's Lieblingsregionen
Les régions préférées de Franco Pfaller
Franco Pfaller's favourite places

KARTE WALLIS
CARTE VALAIS
MAP VALAIS

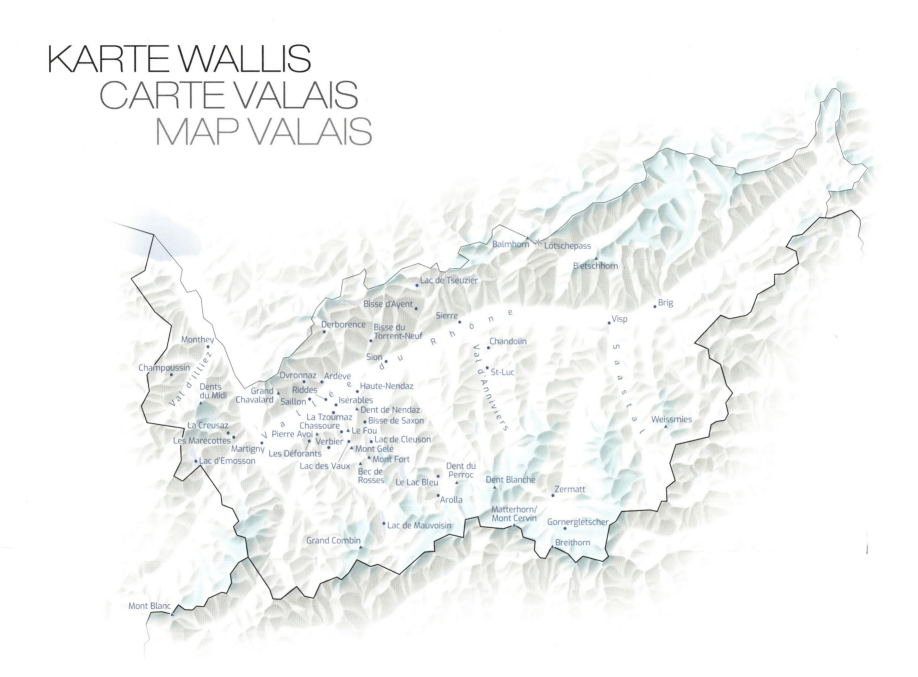

INHALT
TABLE DES MATIÈRES
CONTENTS

4	Autor	Auteur	Author
5	Einführung	Introduction	Introduction
8	Frühling	Printemps	Spring
42	Sommer	Été	Summer
114	Herbst	Automne	Autumn
182	Winter	Hiver	Winter
239	Verzeichnis	Répertoire	Index

IMPRESSUM
MENTIONS LÉGALES
IMPRINT

Konzept, Text, Fotos / Concept, texte, photos / Concept, text, photos: Franco Pfaller
Koordination / Coordination / Coordination: Danielle Zingg, Hallwag Kümmerly+Frey AG
Gestaltung, Realisation / Conception, réalisation / Design, realisation: Funky Strawberry Mediadesign
Kartografie / Cartographie / Cartography: © Hallwag Kümmerly+Frey AG
Alle Rechte vorbehalten / Tous droits réservés / All rights reserved

© Hallwag Kümmerly+Frey AG
Grubenstrasse 109, CH-3322 Schönbühl
www.swisstravelcenter.ch

ISBN 978-3-259-03763-8
1. Auflage / édition / edition 2020
Printed in Italy

FSC
MIX
Papier aus verantwortungsvollen Quellen
FSC® C015829
www.fsc.org

AUTOR / AUTEUR / AUTHOR

Franco ist ein Schweizer Fotograf, der zusammen mit seiner verständnisvollen Frau und den erwachsenen Kindern in London wohnhaft ist. Er verbringt mehr und mehr Zeit in der Schweiz, in seinem zweiten Zuhause in La Tzoumaz im Kanton Wallis.

Franco gründete im Jahr 2014 „Your Panorama" (www.yourpanorama.ch), eine Website, die anfänglich nur auf beschriftete Panoramen spezialisiert war. Später kam Immobilienfotografie dazu, und nachdem er in der Putney School of Art Fotografiekurse besucht hatte, verschiedenste Arten von Fotografie. Seine beschrifteten Panoramabilder sind über die ganze Schweiz verteilt. Zu seiner Arbeit gehören auch unzählige Postkarten, Kalender, Wandkunst und sogar ein Spritzschutz für die Küche.

Wenn er in der Schweiz ist, nimmt er am liebsten Fotos in der Natur auf, weg von allem, da seine Lust auf Stadtansichten in London gestillt wird. Franco war bereits in den Anfängen der virtuellen Touren auf Google ein „Certified Google Photographer" (er hat mittlerweile damit aufgehört), und er ist ein freier Mitarbeiter für booking.com.

Falls Sie mehr von seiner Arbeit sehen möchten: Er ist zurzeit noch relativ aktiv auf Instagram und Facebook (@yourpanorama), oder Sie können ihn via seine Website erreichen.

Franco est un photographe suisse qui vit à Londres avec ses enfants adultes et une épouse très compréhensive. Il passe de plus en plus de temps en Suisse dans sa résidence secondaire à La Tzoumaz, dans le canton du Valais.

En 2014, Franco fonda « Your Panorama » (www.yourpanorama.ch), un site jadis consacré exclusivement aux tables d'orientation panoramiques. Il poursuivit dans sa lancée avec la photographie immobilière, et suite à des cours de photographie à la Putney School of Art à Londres, il s'intéressa aux genres photographiques tous azimuts. Ses panoramas sont exposés dans toute la Suisse, et son portefeuille regroupe désormais d'innombrables cartes postales, calendriers, décorations murales et même un revêtement de cuisine.

Sa vie londonienne ayant étanché sa soif de paysages urbains, Franco aime capturer des images dans les endroits reculés de Suisse. Franco est « Photographe Agréé Google » depuis les débuts des visites virtuelles sur Google (une activité qu'il a désormais abandonnée). Il travaille également en indépendant pour Booking.com.

Si vous souhaitez en savoir plus sur son travail, sachez qu'il est toujours actif sur Instagram et Facebook (@yourpanorama). Il est également possible de le contacter par le biais de son site web.

Franco is a Swiss photographer living in London with his adult children and understanding wife. He now spends more and more time in Switzerland; his home away from home is in La Tzoumaz in the canton of Valais.

In 2014 Franco founded 'Your Panorama' (www.yourpanorama.ch), a website that initially specialised in 'labelled' panoramas. Real estate photography followed and, after having studied photography at the Putney School of Art in London, the development of his skills allowed Franco to accept all manner of photographic commissions. His panoramas are on display all over Switzerland and his work now includes countless postcards, calendars, wall art and even a kitchen splashback.

When in Switzerland he prefers to take photos in natural settings, away from it all, as London has adequately satisfied his thirst for cityscapes. Franco has been a Certified Google Photographer since the beginnings of virtual tours on Google (he has discontinued this activity) and he is also a freelancer for booking.com.

If you are interested in seeing more of his work, he is currently fairly active on Instagram and Facebook (@yourpanorama), or you can contact him through his website.

**Dieses Buch ist eine Sammlung
von Fotos von meiner Zeit im Wallis.**

Ich bin im Kanton Bern aufgewachsen und habe später zehn Jahre in Genf gearbeitet und rund um Genf gewohnt. Während dieser Zeit habe ich auch den Kanton Wallis entdeckt und schätzen gelernt. Nach meiner Genfer Zeit zog ich aus beruflichen Gründen weiter nach London. Meine Frau und ich haben uns danach entschieden, dass wir weiter eine Basis in der Schweiz brauchen, und haben in La Tzoumaz (einem Ort, in dem ich schon Ski gefahren bin, als er noch Mayens-de-Riddes hiess) ein ideales zweites Zuhause gefunden. Dort ein Chalet zu kaufen, ist einer der besten Entscheide, die ich je getroffen habe. Wir haben danach mit unseren Kindern zu jeder Jahreszeit dort Ferien verbracht.

Am Anfang kannte ich vom Wallis nur die Strasse unten im Tal und den Parkplatz von Täsch und Zermatt, wo ich oft Ski gefahren bin. Später entdeckte ich die unzähligen anderen Sehenswürdigkeiten, die diesen Kanton so einzigartig machen. Die verschiedenen Skigebiete, die alle ihren eigenen Charme haben, und in meinem Fall besonders das Skigebiet 4 Vallées, von dem La Tzoumaz ein Teil ist. Ich langweile mich auf präparierten Pisten rasch und schätze deshalb die zahlreichen Routen, die dieses Gebiet so unvergleichlich machen. Vom Mont Fort nach Tortin, den Mont Gelé runter, das Vallon d'Arbi, Plan du Fou oder die Rückseite des Mont Forts Richtung Siviez, diese Abfahrten sind kaum zu überbieten. Vor einigen Jahren habe ich auch mit Skitouren angefangen und bis jetzt nur ein bisschen an der Oberfläche gekratzt, was die Möglichkeiten betrifft. Hoffentlich bleibe ich lange genug gesund, um dieses Hobby weiterzubetreiben.

Aber das Wallis hat natürlich nicht nur im Winter etwas zu bieten. Die anderen Jahreszeiten sind genauso sehenswert und interessant. Die Wanderungen entlang der Suonen (historische Bewässerungskanäle) sind ideal für Personen, die nicht gerne steile Wege gehen, und perfekt, um kleine Kinder zu ermüden; einfach ein kleines Stück Holz oder ein Blatt in den Bach werfen, und sie werden es für Stunden verfolgen. Wer grössere Wanderungen bevorzugt, hat Tausende Möglichkeiten. Das Wallis hat unzählige Täler und Berggipfel zum Erforschen. Ich habe mit Klettern angefangen und einige der 4000-m-Gipfel erklommen, inklusive das Matterhorn. Anders als mein Vater habe ich dies aber mit einem Führer gemacht. Ich bin auch ein grosser Fan von den Klettersteigen, die sich über den ganzen Kanton verteilen. Bei einigen schlägt das Herz garantiert etwas rascher.

Ich bin nicht wirklich ein Mountainbiker, aber einmal im Jahr muss ich die Tour du Mont Fort fahren. In meinem Fall mache ich die Tour light, nehme verschiedene Lifte und esse in der Cabane du Mont Fort ein wohlverdientes Mittagessen. Dieser Tag ist jedes Mal ein Erlebnis.

Selbstverständlich muss nicht alles mit Sport zusammenhängen. Für Weinliebhaber empfehle ich das „Wochenende der offenen Keller" (normalerweise im Mai). Eine fantastische Möglichkeit, Weinsorten zu testen, die Sie sonst nirgendwo bekommen. Wichtig: Finden Sie eine/n verantwortungsbewusste/n Fahrer/in!

Über die letzten Jahre habe ich übers Wallis verteilt beschriftete Panoramabilder erstellt (Beispiele auf www.yourpanorama.ch). Einige der Fotos im Buch sind von Reisen zu Orten, an denen ich an einem Panorama arbeitete oder das installierte Werk besuchte. Die Serie vom Lötschepass machte ich, nachdem der Hüttenwart der Lötschenpasshütte das Panorama am Geländer auf der Terrasse befestigt hatte. Die zwei Panoramabilder vom Pierre Avoi aus (Seiten 58–61) sind dieselben Bilder, die beschriftet auf dem Gipfel installiert sind. Das Foto vom Wasserfall auf Seite 17 sieht ziemlich unschuldig aus, aber auf dem Weg dorthin musste ich ein Lawinenfeld überqueren, verlor meinen Halt und glitt auf meiner Kehrseite den Hang hinunter, glücklicherweise konnte ich mich an einem Busch festhalten. Die meisten Fotos haben eine kleine Geschichte, nicht alle mit einem Nahtoderlebnis, aber dies ist ein Fotobuch, und ich hoffe, die Bilder sprechen für sich.

Ich habe entschieden, die Bilder nach Jahreszeiten zu zeigen. Im Wallis kann es aber in den Bergen immer noch Winter sein, wenn unten im Tal schon lange der Frühling eingezogen ist, deshalb gleiten die Kapitel ineinander.

Als Fotograf bin ich beinahe verpflichtet, in den sozialen Medien präsent zu sein, und einige der Fotos (oder Variationen davon) habe ich bereits auf meinen Konten gezeigt. Dieses Buch macht mir aber mehr Freude, als alle „Likes" es je machen könnten. Ich hoffe, es gefällt Ihnen so gut wie mir.

Ce livre est un recueil photographique de mes séjours en Valais.

Originaire de Berne, j'ai travaillé pendant dix ans à Genève. C'est au cours de cette période que j'ai découvert le Valais, dont je suis tombé peu à peu amoureux. Plus tard, j'ai déménagé à Londres pour des raisons professionnelles, mais mon épouse et moi-même avons rapidement réalisé que nous avions besoin d'un pied-à-terre en Suisse. De fil en aiguille, nous avons trouvé notre chalet idéal à La Tzoumaz (une station où j'allais skier quand elle s'appelait encore Mayens-de-Riddes). Force est de constater que cet achat représente l'une des meilleures décisions de ma vie. Depuis lors, notre famille y a passé de splendides vacances en chaque saison.

Au départ, tout ce que je connaissais du Valais, c'était la route qui longe la vallée du Rhône, le parking de Taesch, ainsi que Zermatt où j'ai eu l'occasion de skier à plusieurs reprises. Ce n'est que plus tard que j'ai découvert les innombrables atouts de ce canton avec ses différentes stations de ski qui ont toutes leur charme propre et surtout, dans mon cas, la station de ski des 4 Vallées dont La Tzoumaz fait partie. Je m'ennuie rapidement sur les pistes damées et les opportunités qu'offre cette station font toute sa particularité. Du Mont Fort à Tortin, les descentes du Mont Gelé, le vallon d'Arbi, le Plan du Fou ou le versant nord du Mont Fort en direction de Siviez – voici des parcours difficiles à surpasser. Ces dernières années, j'ai été gagné par la fièvre du ski de randonnée, et je n'ai même pas encore effleuré une infime part des possibilités qu'offre la montagne. Espérons que ma condition physique me permettra de poursuivre cette passion encore longtemps.

Qu'on se le dise: le Valais ne se résume pas uniquement à la saison d'hiver. Les autres saisons sont tout aussi attrayantes et fascinantes. Les randonnées pédestres le long des bisses (canaux d'irrigation) sont idéales pour celles et ceux qui n'aiment pas la montée, et elles permettent aux enfants de se dépenser avec bonheur (jetez une petite branche dans le courant et ils la suivront pendant des heures). Les fans de grandes randonnées y trouveront une pléthore de vallées et de sommets à explorer. Je me suis également mis à l'alpinisme, ayant conquis plusieurs pics de 4'000 mètres valaisans, dont le Mont Cervin où, contrairement à mon père, j'ai dû embaucher un guide. Je suis également adepte des nombreuses via ferrata du canton – dans bien des cas, c'est le grand frisson garanti.

Si je ne suis pas vraiment fou du VTT, l'un de mes nouveaux objectifs est de faire le tour du Mont Fort à vélo une fois par année. Personnellement, je privilégie la virée version « light » avec remontées mécaniques et un déjeuner bien mérité à la cabane de Mont Fort. Une telle journée ne me déçoit jamais.

Mes activités valaisannes ne sont pas toutes de nature sportive. En tant qu'amateur de vins, je recommande par exemple le weekend « Caves ouvertes des vins du Valais » (généralement en mai). Il s'agit d'une occasion rêvée pour découvrir des cépages uniques au monde. Mon conseil: faites-vous accompagner d'un chauffeur sobre!

Ces dernières années, j'ai eu la chance de pouvoir créer des tables d'orientation dans tout le Valais (vous en trouverez des exemples sur www.yourpanorama.ch). Certaines de mes photos ont été prises lorsque je travaillais sur un panorama, ou lors de visites effectuées après l'installation des tables d'orientation. Ainsi, la série consacrée aux environs de la cabane du Lötschenpass a été réalisée le jour où le gardien de cabane a fixé ma table d'orientation à la balustrade de la terrasse. Les deux panoramas de la Pierre Avoi (pages 58-61) correspondent aux photos installées au sommet de la montagne.

La photo de la cascade à la page 17 semble assez innocente, mais à l'époque où elle a été prise, le chemin qui y conduit était encore recouvert par une avalanche qui s'y était abattue durant l'hiver. Comme je fus l'un des premiers à traverser le champ de neige, j'ai glissé: après avoir dévalé le versant sur plusieurs mètres, je suis heureusement parvenu à me retenir à un buisson. En fait, la plupart des photos recèlent une anecdote (pas toujours avec une expérience de mort imminente à la clé, fort heureusement), mais comme il s'agit d'un recueil photographique, je voulais réduire le texte au minimum et laisser les images parler d'elles-mêmes.

En Valais, si l'hiver sur les sommets côtoie souvent le printemps dans les vallées, j'ai choisi de regrouper les photos par saisons, de façon à ce que les chapitres s'enchaînent naturellement. En tant que photographe, je suis plus ou moins contraint d'afficher ma présence sur les médias sociaux; par conséquent, j'ai publié certaines photos (ou des variantes de celles-ci) sur mes comptes. Quoi qu'il en soit, je tiens à souligner que cet ouvrage me procure infiniment plus de plaisir que tous les « likes » du monde. J'espère que vous l'apprécierez autant que moi.

This book is a collection of photos from my time in the Valais.

Originally from Bern, I spent ten years living in and around Geneva, which is when I discovered the Valais and fell in love with it. I then moved to London for work, but my wife and I still needed a Swiss base. We found our ideal home from home in La Tzoumaz, a place where I used to ski when it was still called Mayens-de-Riddes. Buying a chalet there remains one of the best decisions I have ever made, as our entire family has been able to spend time there during every season of the year.

Initially, all I knew about the Valais was the road along the Rhône Valley, the parking in Taesch, and then Zermatt where I skied frequently. Only later did I discover the endless other attractions that this canton offers. The various ski resorts all have their unique charm and the 4 Vallées ski resort, which also includes La Tzoumaz, is one of my favourites. I become bored fairly quickly on groomed slopes and the opportunities that this resort offers are what makes it so special. From Mont Fort to Tortin, down the Mont Gelé, the Vallon d'Arbi, Plan du Fou and from the rear of Mont Fort towards Siviez: these are all examples of routes that are hard to beat. Over the last few years, I caught the ski-touring bug and I have not even scratched the surface of what is possible. Long may my fitness allow me to go on.

The Valais is not only about winter, as the other seasons are just as stunning and interesting. The hikes along the bisses (water irrigation channels) are ideal for those who don't like to walk up mountains and a great way to tire out children: just throw a little branch into the water and they will follow it for hours. For those who don't mind longer hikes, there are countless valleys and peaks to explore. I started mountaineering and climbed several of the 4,000 metre mountains that the Valais has to offer including the Matterhorn where, unlike my father, I had to use a guide. I am a big fan of the via ferratas that are scattered around the canton, some of which are guaranteed to quicken your pulse.

I am not really into mountain biking, but I do aim to do the Tour du Mont Fort on a mountain bike once a year. In my case, the tour involves a few lifts and lunch at the Cabane de Mont Fort. It never fails to be a great day.

Not every activity has to be sporty. As someone who appreciates good wine, I can recommend spending a weekend in the Valais when all the vineyards have an open day, usually in May. It's a great way to discover grape varieties that you can't get anywhere else. Make sure you appoint a designated driver!

Over the last years I have been creating labelled panoramas all over the Valais (see examples on www.yourpanorama.ch). Some of my photos are from trips to locations where I was working on a panorama, or from visiting once they had been installed. The series around the Lötschenpass hut, for example, was taken on the day I went to see what the panorama looked like after the hut warden had attached it to the railing on the terrace. The two panoramas taken from the Pierre Avoi (pages 58-61) are the photos of the labelled images that are now installed on the peak. Other photos involved numerous trips to some of my favourite spots. The photo of the waterfall on page 17 looks innocent enough, but the path to it was still covered with snow from an avalanche that had crashed down during the winter. Being one of the first to cross the snowfield, I slipped and after sliding down the mountain on my bottom, I was lucky enough to be able to grab hold of a branch from a bush. Most photos have a story to them, though not all are associated with such a near-death experience. However this is primarily a photo book and I wanted to keep the word count low and allow the photos to speak for themselves.

I have chosen to group the photos by season, though of course in the Valais it can be winter on the peaks and spring in the valleys, so you'll see the chapters running into each other.

Some of the photos, or variations of them, have been published on my social media accounts which, as a photographer, I feel obliged to maintain. This book has given me more pleasure than any number of 'likes' could ever do. I hope you enjoy it as much as I do.

FRÜHLING
PRINTEMPS
SPRING

Wann endet der Winter, und wann beginnt der Frühling? Für mich ist es, wenn sich die Krokusse im Vallon d'Arbi durch den Schnee kämpfen um die frische Bergluft zu schnuppern und den ersten Sonnenschein zu geniessen.

Das Beeindruckendste am Frühling ist die Metamorphose der Landschaft. Die plötzliche Verwandlung von kleinen Bächen in rauschende Wasserfälle, das saftige grüne Tal mit den immer noch weissen Gipfeln im Hintergrund und die blühenden Blumen, zuerst unten im Tal dann immer höher bis sie die Alpenwiesen erreichen. In dieser Jahreszeit durch eine Aprikosenplantage zu spazieren erinnert an die Kirschblütenzeit in Japan.

Quand finit l'hiver et quand débute le printemps? Pour moi, c'est lorsque les premiers crocus du vallon d'Arbi, réveillés par les timides rayons du soleil, commencent à se frayer un chemin à travers la neige pour s'épanouir à l'air de la montagne.

L'aspect le plus impressionnant du printemps est l'extraordinaire métamorphose des paysages: les petites criques se transforment soudain en cascades majestueuses, les sommets enneigés surplombent les pâturages bucoliques, les fleurs s'épanouissent dans la vallée avant de gagner les pâturages alpins. En cette période de l'année, une balade à travers un verger d'abricotiers évoque la saison des cerisiers en fleurs au Japon.

When does winter end and spring start? For me, it is when the first crocuses in the Vallon d'Arbi begin to push their way through the snow to bask in the first rays of sunshine and nip the crisp mountain air.

The most pronounced feature of spring is the metamorphosis of the landscape. The sudden transformation of tiny creeks into mighty waterfalls, the lush green valleys that stand in contrast to the still-snowy peaks above and the blossoming of flowers, first down in the valley and then ever higher until the flowers finally reach the alpine meadows. Walking through an apricot orchard during this time of year is reminiscent of the cherry blossom season in Japan.

Vallon d'Arbi

Die ersten Krokusse
Les premiers crocus
The first crocuses

Ein kleiner Wasserfall im Vallon d'Arbi
Petite cascade dans le vallon d'Arbi
A small waterfall in the Vallon d'Arbi

Le Fou / Pointe des Champs Ferret / Arête de Chassoure / Mont Gelé

Mont Rogneux / Tête des Établons

Eindrücke von der Fare
Impressions de la Fare
Impressions of the Fare

Oberhalb von Isérables / Au-dessus d'Isérables / Above Isérables

Oberhalb von Isérables / Au-dessus d'Isérables / Above Isérables

Im Wald oberhalb von La Tzoumaz
Dans la forêt surplombant La Tzoumaz
In the forest above La Tzoumaz

Isérables

La Tzoumaz

Von La Tzoumaz Richtung Dent de Nendaz
De La Tzoumaz en direction de la Dent de Nendaz
From La Tzoumaz towards the Dent de Nendaz

Blühende Aprikosenbäume im Rhonetal
Abricotiers en fleurs dans la vallée du Rhône
Blossoming apricot trees in the Rhône valley

L'Ardève

Blick von Saillon auf Riddes und Isérables
Vue sur Riddes et Isérables depuis Saillon
Looking towards Riddes and Isérables from Saillon

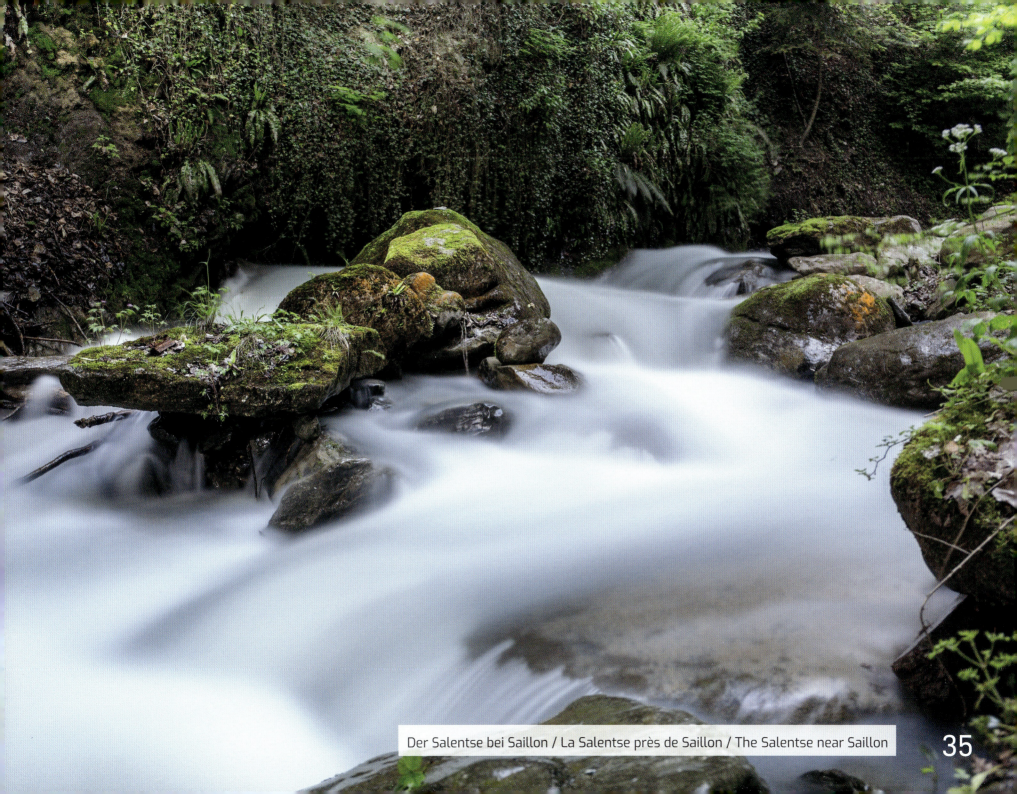
Der Salentse bei Saillon / La Salentse près de Saillon / The Salentse near Saillon

Saillon mit dem Bayart-Turm / Saillon avec la tour Bayart / Saillon with the Bayart Tower

Zwei meiner Panoramen sind auf dem Bayart-Turm installiert.
Deux de mes panoramas sont installés sur la tour Bayart.
Two of my panoramas are mounted on the Bayart Tower.

Wiesen rund um La Tzoumaz / Prairies autour de La Tzoumaz / Meadows around La Tzoumaz

Bisse de la Chapelle

Bisse de Saxon

Bisse de la Chapelle

SOMMER
ÉTÉ
SUMMER

Ich liebe es, im Sommer in den Bergen zu sein. Auch wenn es den Tag über warm ist, kühlt es in der Nacht genug ab, um einen guten Schlaf zu garantieren. Und was ist schöner, als sich nach einer anstrengenden Wanderung mit einem kurzen Bad in einem Bergsee rasch zu erfrischen?

Der Sommer ist auch meine Lieblingszeit für Nachtfotografie. Ich habe manche Stunden damit verbracht, meine Ausrüstung aufzustellen und auf den Sonnenuntergang zu warten. Ich mache dies zwar das ganze Jahr, aber die Temperaturen im Sommer machen die Übung etwas angenehmer.

Leider kann ich nicht meine ganze Ausrüstung auf meine Kletterabenteuer mitnehmen. Die Fotos sind deshalb hauptsächlich von einfacher zu begehenden Gipfeln aus gemacht oder von einer der unzähligen Suonen die übers Wallis verstreut sind. Die Suone von Saxon (Bisse de Saxon) ist meine „Heim-Suone", die Suone von Rho und die vom Torrent-Neuf sind weitere zwei auf die ich mich bei jedem Besuch freue.

J'adore passer mes étés à la montagne. En soirée, les températures estivales se rafraîchissent suffisamment pour passer une bonne nuit de sommeil. Et quoi de plus agréable, après une pénible ascension, que de se plonger dans un lac glacé pour se rafraîchir de la tête aux pieds?

L'été est aussi ma saison de prédilection pour la photographie nocturne. J'ai ainsi passé de nombreuses heures à installer mon matériel et à attendre le crépuscule. S'il s'agit de gestes qui m'accompagnent tout au long de l'année, les températures estivales rendent ce rituel beaucoup plus agréable.

Malheureusement, il m'est impossible d'emporter tout mon équipement lors de mes parties d'escalade. Ainsi, la majeure partie des photos sont prises sur des sommets aisément accessibles ou l'un des innombrables bisses (canaux d'irrigation) qui sillonnent le Valais. Le bisse de Saxon est le « bisse de chez moi », le bisse de Rho et le bisse du Torrent-Neuf sont ceux que j'ai toujours hâte de retrouver.

I love spending my summers in the mountains. Warm during the day, it cools down sufficiently during the evening to allow for a good night's sleep. And what could be nicer, than taking a refreshing dip in a mountain lake after a strenuous walk?

Summer is also my favourite season for night photography. I have spent many an hour setting up my gear and then waiting for the sun to set. Even though it's something I do throughout the year, the temperature in summer makes the whole process a lot more enjoyable.

Unfortunately, I can't take all my equipment with me on my climbing adventures. My photos are taken predominantly from very accessible peaks or from one of the countless bisses (irrigation channels) that can be found throughout the Valais. How cool are they? The Bisse de Saxon is my 'home bisse', the Bisse de Rho and the Bisse du Torrent Neuf are the ones I always look forward to returning to.

Rund um Croix de Cœur / Autour de la Croix de Cœur / Near Croix de Cœur

Panorama rund um die Attelas (mit Verbier, den Dents du Midi und dem Lac des Vaux)
Panorama depuis les Attelas (avec Verbier, les Dents du Midi et le lac des Vaux)
Panorama around Les Attelas (showing Verbier, the Dents du Midi and the Lac des Vaux)

Lac des Vaux

Die Aussicht vom Gipfel des Mont Gelé / Vue depuis le sommet du Mont Gelé / The view from the summit of Mont Gelé

Tour Sallière, le Dôme

Blick in Richtung des Pierre Avoi und die Dents du Midi
Vue en direction de la Pierre Avoi et les Dents du Midi
View towards the Pierre Avoi and the Dents du Midi

Lac des Vaux mit La Tzoumaz im Hintergrund
Lac des Vaux avec La Tzoumaz en arrière-plan
Lac des Vaux with La Tzoumaz in the background

Col de la Marlène

Margeriten auf dem Mont Gelé / Marguerites sur le Mont Gelé / Daisies on Mont Gelé

Das Rhonetal vom Pierre Avoi aus gesehen
La vallée du Rhône vue de la Pierre Avoi
The Rhône Valley as seen from the Pierre Avoi

Blick in Richtung Süden vom Pierre Avoi / Vue du sud depuis la Pierre Avoi / Looking south from the Pierre Avoi

Panoramabild vom Pierre Avoi / Tableau panoramique depuis la Pierre Avoi / Panoramic image from the Pierre Avoi

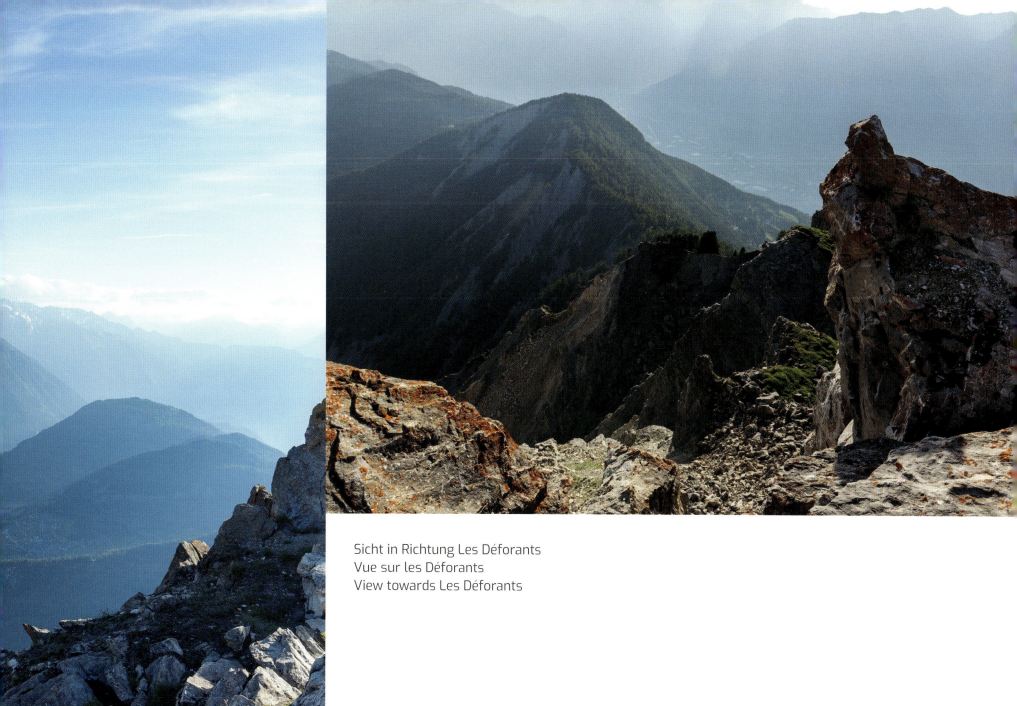

Sicht in Richtung Les Déforants
Vue sur les Déforants
View towards Les Déforants

Bisse de Saxon

Saillon, Blick von der Bisse de Saxon
Saillon, vue depuis le bisse de Saxon
Saillon, view from the Bisse de Saxon

La Tzoumaz

Der Blick von Nax in Richtung Sion / Vue de Nax en direction de Sion / The view from Nax towards Sion

Charrat – Martigny – Fully

Martigny

Dents du Midi

Verbier

La Fare

Mont Fort, Sommer 2019, ein trauriger Anblick für diejenigen, die sich ans Sommer-Skifahren auf dem Gletscher erinnnern.

Mont Fort, été 2019, triste tableau pour celles et ceux qui se souviennent du ski d'été sur le glacier.

Mont Fort, summer 2019, a sad view for those who can remember summer skiing on the glacier.

Impressionen rund um die Lötschenpasshütte
Impressions autour de la cabane du Lötschenpass
Impressions from around the Lötschenpass hut

Auf dem Weg zwischen La Tzoumaz und Croix de Cœur
Sur le chemin entre La Tzoumaz et Croix de Cœur
On the path between La Tzoumaz and Croix de Cœur

82 — In den Wolken / Dans les nuages / Shrouded by clouds

Lac de Tseuzier

Suone von Ayent – verewigt auf der neuen 100-Franken-Banknote im Jahr 2019
Bisse d'Ayent – immortalisé sur le nouveau billet de 100 CHF en 2019
Bisse d'Ayent – immortalised on the new 100 franc banknote in 2019

Bisse de Saxon

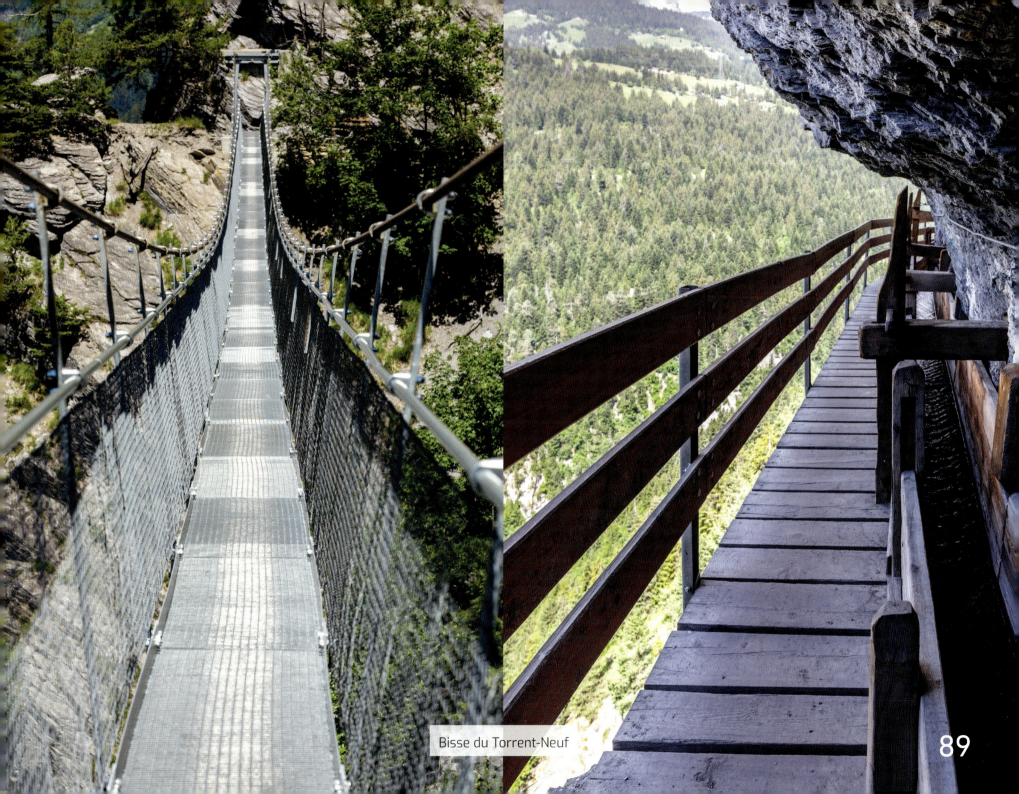
Bisse du Torrent-Neuf

Bisse Vieux, Nendaz

Bisse de Saxon

Mountainbiker geniessen die Aussicht / Des vététistes admirent la vue / Mountain bikers enjoying the view

Panorama von Haute-Nendaz / Panorama de Haute-Nendaz / Panorama from Haute-Nendaz

Impressionen rund um den Lac de Cleuson im Val de Nendaz
Impressions autour du lac de Cleuson dans le val de Nendaz
Impressions around the Lac de Cleuson in the Val de Nendaz

Aprikosen pflücken zwischen Nendaz und Veysonnaz mit Blick auf das Rhonetal
Cueillette d'abricots entre Nendaz et Veysonnaz avec vue sur la vallée du Rhône
Picking apricots between Nendaz and Veysonnaz with views of the Rhône Valley

Panorama von Champoussin im Val d'Illiez mit den Dents du Midi
Panorama de Champoussin dans le val d'Illiez avec les Dents du Midi
Panorama from Champoussin in the Val d'Illiez showing the Dents du Midi

Panorama mit Blick auf das Rhonetal und den Mont-Blanc und Impressionen von La Creusaz über Les Marécottes
Panorama avec vue sur la vallée du Rhône et le Mont Blanc, et impressions de la Creusaz au-dessus des Marécottes
Panorama with views of the Rhone Valley and Mont Blanc and impressions from La Creusaz over Les Marécottes

Das Val d'Anniviers mit Panorama von Chandolin (oben) und Panorama von St-Luc (unten)
Le val d'Anniviers avec panorama de Chandolin (ci-dessus) et St-Luc (ci-dessous)
The Val d'Anniviers with a panorama of Chandolin (top) and a panorama of St-Luc (bottom)

Panorama von Loutse über Ovronnaz / Mayens-de-Chamoson
Panorama de Loutze en amont d'Ovronnaz / Mayens-de-Chamoson
Panorama from Loutse above Ovronnaz / Mayens-de-Chamoson

Panorama von Plan-Bot über Saxon mit dem Grand Chavalard
Panorama de Saxon depuis Plan-Bot avec le Grand Chavalard
Panorama from Plan-Bot above Saxon showing the Grand Chavalard

Panorama mit dem Riffelhorn, dem Breithorn und dem Matterhorn
Panorama avec le Riffelhorn, le Breithorn et le Mont Cervin
Panorama showing the Riffelhorn, the Breithorn and Matterhorn

Der Gornergletscher / Le glacier du Gorner / The Gorner Glacier

Eindrücke von der Überquerung des Weissmies (4017 m) hoch über dem Saastal
Impressions de la traversée du Weissmies (4017 m) au-dessus de la vallée de Saas
Impressions from the crossing of the Weissmies (4017 m) high above the Saas Valley

HERBST
AUTOMNE
AUTUMN

In Bezug auf Fotografie bin ich ein Riesenfan vom Herbst. Die Wälder, die jede Farbe des Regenbogens annehmen, die Föhren, deren Grün sich in Gelb verwandelt, und die Blaubeerenbüsche, die auf einmal rötlich sind. Sollten Sie jemals mit mir im Herbst auf eine Wanderung gehen, seien Sie auf lange Wartezeiten vorbereitet. Ich verbringe die meiste Zeit auf meinen Knien, um noch ein anderes originelles Foto zu schiessen.

Einer meiner Lieblingsorte im Herbst ist die Gegend um den Lac de Derborence. Alleine die Fahrt dorthin ist ein Miniabenteuer. Einmal beim See, bin ich von den Wasserspiegelungen der umliegenden Gipfel fasziniert. Falls das ganze Bild dann noch mit frischem Schnee überzuckert wird – Glückseligkeit!

In der Gegend von La Tzoumaz wandere ich jedes Jahr auf den Fou, auf dem Grat weiter Richtung Lac des Vaux und zurück durchs Vallon d'Arbi. Wenn man mehr als zwei andere Wanderer sieht, herrscht Hochbetrieb!

En tant que photographe, j'aime particulièrement l'automne, avec les forêts qui se revêtent d'une riche palette de couleurs mordorées, les mélèzes qui passent du vert au jaune et les champs de myrtilles qui s'illuminent d'un rouge subtil. Si vous vous promenez avec moi en automne, armez-vous de patience. Une grande partie du temps, vous me trouverez très probablement à genoux en train de saisir une énième photo incontournable.

L'un de mes endroits préférés en automne sont les rives du lac de Derborence; rien que le chemin qui y conduit constitue une petite aventure en soi. Une fois arrivé au lac, je suis fasciné par les reflets des montagnes environnantes sur la surface de l'eau. Et quand arrive l'heure des premières neiges – quel bonheur!

Autour de La Tzoumaz, je m'adonne chaque année à la randonnée sur le Fou en suivant la crête jusqu'au lac des Vaux avant de regagner mon point de départ en passant par le vallon d'Arbi. Si vous rencontrez plus de deux randonneurs au fil de cet itinéraire, vous êtes tombé sur une journée très chargée!

When it comes to taking pictures, autumn is a stand-out season for me. Forests taking on every colour of the rainbow, larches changing from green to yellow and fields of blueberry bushes turning a subtle red are just some of the highlights. Should you ever go for a walk with me in the autumn, be prepared to wait. I will most likely be on my knees somewhere trying for another must-take photo.

One of my favourite places in the autumn is the area around the Lac de Derborence. Even the drive up to reach the lake is a mini-adventure in itself. Once there, I will become mesmerised by the reflections created in the water by the surrounding mountains. When, on top of that, you are also blessed with early snowfall – what bliss!

Every year I will do some walking in the La Tzoumaz region. Climbing Le Fou is mandatory, after which I will follow the ridge towards the Lac des Vaux and then make my way down through the Vallon d'Arbi. If you meet more than two other hikers, you will have gone on a busy day.

Vallon d'Arbi

Vallon d'Arbi

Vallon d'Arbi

Herbstnebel um La Tzoumaz
Brouillard d'automne autour de La Tzoumaz
Autumn fog around la Tzoumaz

Blick auf das Rhonetal mit dem Haut de Cry auf der anderen Seite
Vue sur la vallée du Rhône avec le Haut de Cry en face
View of the Rhone Valley with the Haut de Cry on the other side

Blick auf dem Weg zum Fou / Vue depuis le chemin en direction du Fou / View from the route up Le Fou

Das Mont-Blanc-Massiv mit dem Vallon d'Arbi
Le massif du Mont-Blanc avec le vallon d'Arbi
The Mont Blanc Massif with the Vallon d'Arbi

Lac des Vaux und Les Attelas mit dem Mont Rogneux
Le lac des Vaux et les Attelas avec le Mont Rogneux
Lac des Vaux and Les Attelas with Mont Rogneux

Lac des Vaux

Lac des Vaux

Die Strasse nach Derborence / La route vers Derborence / The road to Derborence

Wohnen am Rande der Klippe (Richtung Derborence)
Au bord du gouffre (en direction de Derborence)
Living on a cliff edge (looking towards Derborence)

Lac de Derborence

Impressionen rund um den Lac de Derborence
Impressions autour du lac de Derborence
Impressions around Lake Derborence

Lac Bleu, Arolla mit der Dent du Perroc
Lac Bleu, Arolla avec la Dent du Perroc
The Blue Lake, Arolla with the Dent du Perroc

La passerelle à Farinet

Riddes

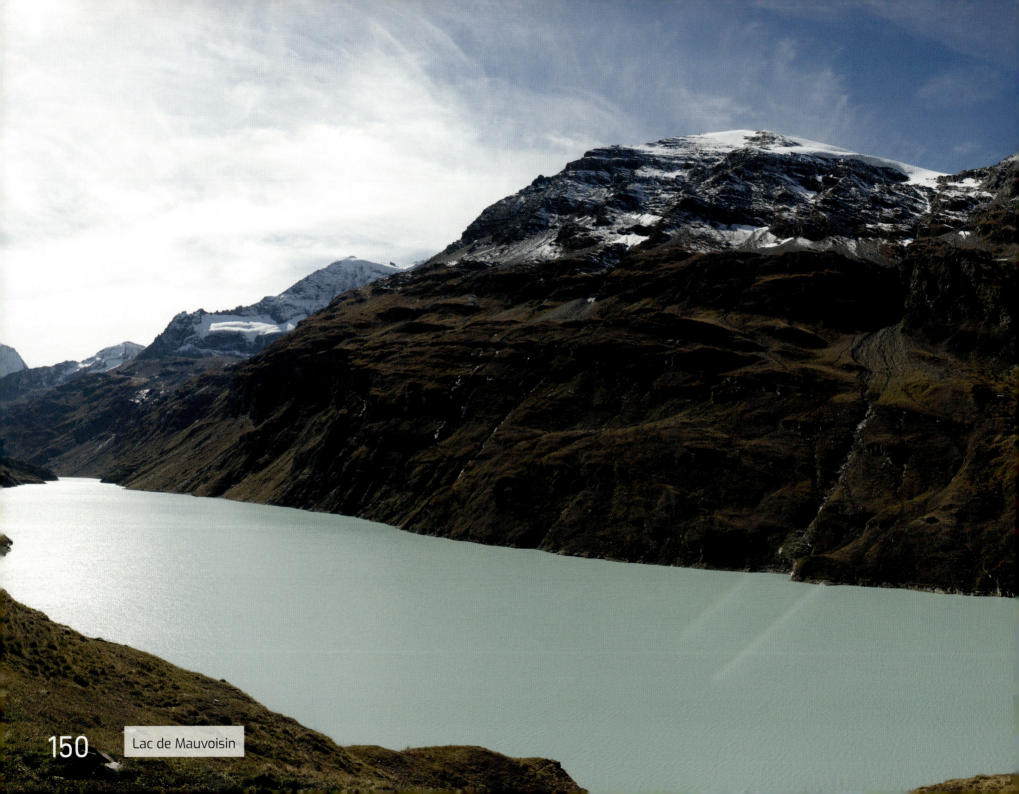
Lac de Mauvoisin

Lac de Mauvoisin

Panorama von der Staumauer Emosson
Panorama depuis le barrage d'Emosson
Panorama taken from the Emosson Dam

Lac d'Emosson

Staumauer Emosson / Le barrage d'Emosson / The Emosson Dam

Staumauer Emosson
Le barrage d'Emosson
The Emosson Dam

Ein Weiler in der Nähe von Isérables / Un hameau près d'Isérables / A hamlet near Isérables

Le Grand Combin

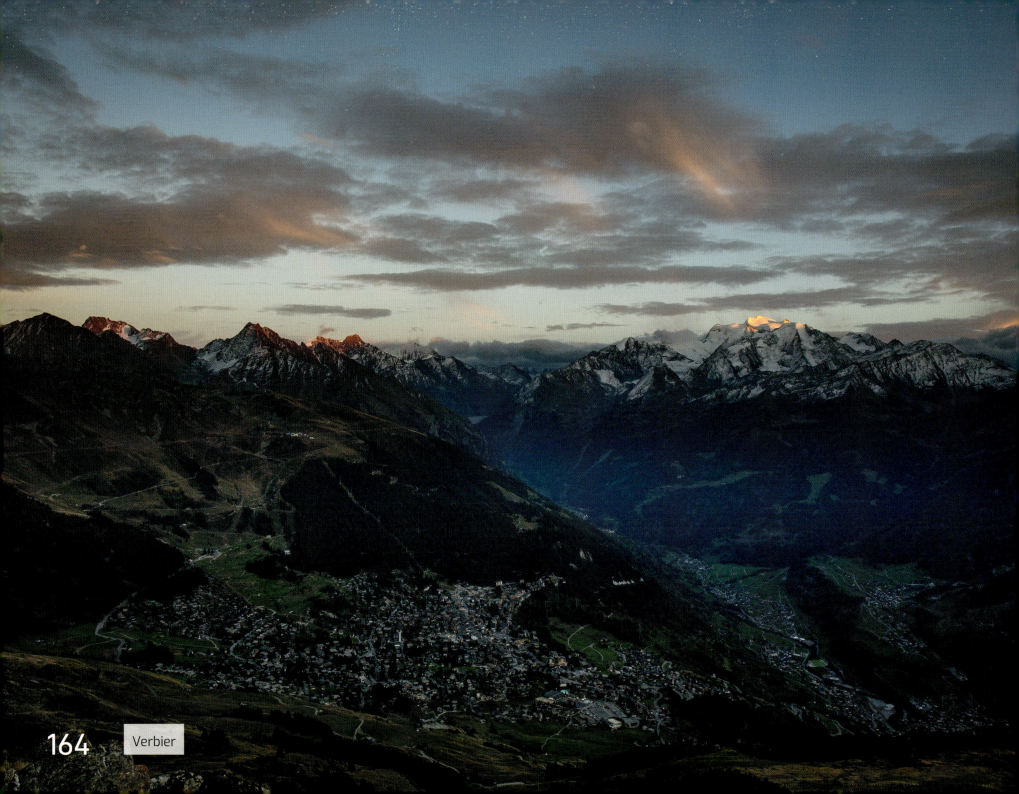
Verbier

Le Grand Combin

Sonnenuntergang mit dem Mont Fort und dem Bec des Rosses
Coucher de soleil avec le Mont Fort et le Bec des Rosses
Sunset with Mont Fort and the Bec des Rosses

Morgenfrost / Givre matinal / Morning frost

Pierre Avoi auf dem Weg nach Derborence
La Pierre Avoi sur le chemin vers Derborence
The Pierre Avoi on the route to Derborence

Lac de Derborence

Lac de Derborence mit Herbstschnee
Lac de Derborence avec la neige d'automne
Lake Derborence with autumn snow

Lac des Vaux

Mont Gelé

WINTER
HIVER
WINTER

Ende Herbst hoffe ich immer auf etwas frühen Schnee, der auf die farbige Landschaft fällt. Da ich nicht das ganze Jahr in den Bergen wohne, ist es immer wie ein Bonus, wenn ich meinen Besuch richtig geplant habe.

Wenn der Schnee aber spät kommt, bin ich von den gefrorenen Bächen wie gefesselt und ich kann nicht genug Fotos davon schiessen. Nachher warte ich einfach darauf, dass der Winter richtig übernimmt. Die ersten Schneeflocken begeistern mich jedes Jahr. Einfach zauberhaft, wenn sich die Umgebung langsam in Weiss hüllt.

Ich fahre natürlich gerne Ski, am liebsten abseits der Pisten. Aber es ist die ganze Stimmung, die mich fasziniert. Die Fondues oder Raclettes, die Freunde, die uns besuchen (wir scheinen im Winter beliebter zu sein), Schnee zu schaufeln, um sich dann vor dem knisternden Kaminfeuer zu erholen. Mir wird davon nie langweilig.

Viele meiner Fotos sind mit einer Vollformatkamera aufgenommen, oft auf einem Stativ und mit verschiedenen Linsen. Nicht die ideale Ausrüstung, um Ski zu fahren. Ich musste deshalb viele Opfer bringen für meine Winterfotos und auf einige Pulverschneetage verzichten. Das Leben ist hart…

Vers la fin de l'automne vient un moment où j'ai hâte de voir la neige recouvrir les paysages chatoyants. Comme je ne passe pas tout mon temps en montagne, c'est toujours le jackpot lorsque mes visites coïncident avec l'arrivée des premiers flocons.

Lorsque la neige tarde à venir, je suis fasciné par les rivières gelées que je ne peux m'empêcher de photographier. Ensuite, j'attends que l'hiver prenne définitivement ses quartiers. Les premiers flocons de neige me remplissent invariablement d'émotion: quelle magie de voir le paysage virer lentement au blanc.

Il va sans dire que j'aime skier, de préférence loin des foules, mais c'est l'atmosphère hivernale tout entière qui m'inspire. Les fondues et les raclettes, les amis qui viennent rendre visite (en hiver, on gagne en popularité), pelleter la neige avant de rentrer profiter du feu crépitant dans le poêle… jamais ne m'en lasserai.

Un grand nombre de mes photos sont prises avec un boîtier plein format, divers objectifs et souvent sur trépied. Pas forcément l'équipement idéal pour un féru de ski. Mes photos d'hiver exigent des sacrifices considérables: ainsi, mon travail m'a coûté plus d'une merveilleuse journée de poudreuse. C'est dur, la vie…

There comes a time at the end of autumn when I hope for some early snowfall on the colourful landscapes. Since I don't spend all of my time in the mountains, it is always a bit of a bonus when I time my visit to coincide with this.

But when snowfall arrives late, I am equally captivated by the frozen rivers which I simply must have photos of. I then patiently wait for winter to truly set in. The first snowflakes will always get me very excited. How magical it is to see the landscape slowly turn white.

I of course love skiing, preferably away from the crowds, but it is the whole atmosphere that I find so enchanting. The fondues and raclettes, the friends who come to visit us (we do seem more popular in winter), the shovelling of snow and then relaxing in front of a crackling open fire afterwards. I never seem to tire of this.

Many of my photos are taken with a full-frame camera, various lenses and frequently also with a tripod. Certainly not ideal if you also like skiing! It means that a lot of sacrifices were made to get my winter photos and I sadly also had to miss out on many a day's skiing on fresh powder snow. It's a hard life…

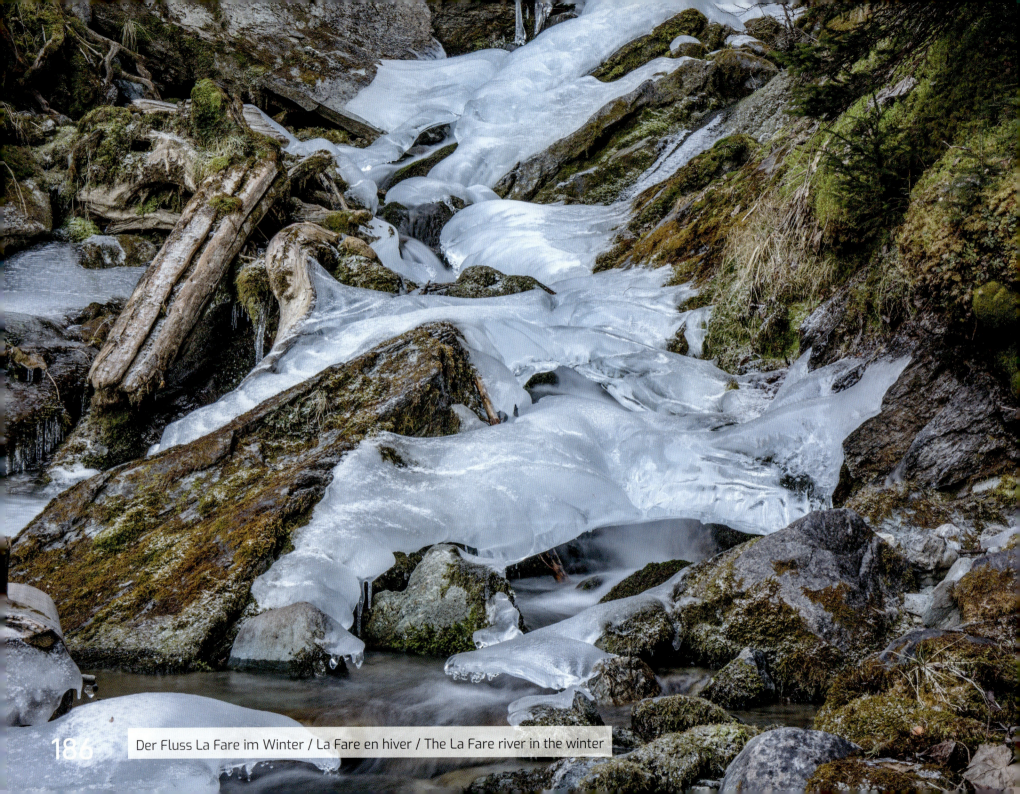

Der Fluss La Fare im Winter / La Fare en hiver / The La Fare river in the winter

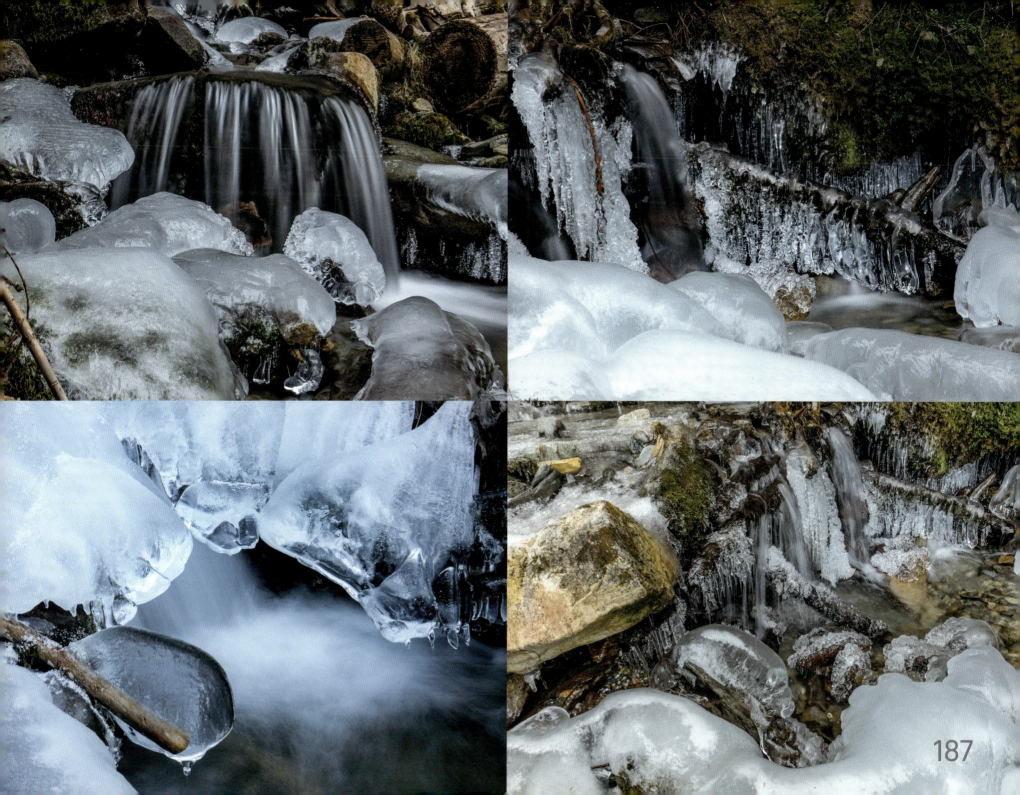

La Tzoumaz, vom Plan du Fou aus gesehen
La Tzoumaz, vue du Plan du Fou
La Tzoumaz as seen from the Plan du Fou

Isérables

Jagdhütte im Vallon d'Arbi / Pavillon de chasse dans le vallon d'Arbi / Hunting lodge in the Vallon d'Arbi

Chalets in La Tzoumaz / Chalets à La Tzoumaz / Chalets in La Tzoumaz

Chalets in La Tzoumaz / Chalets à La Tzoumaz / Chalets in La Tzoumaz

Vallon d'Arbi

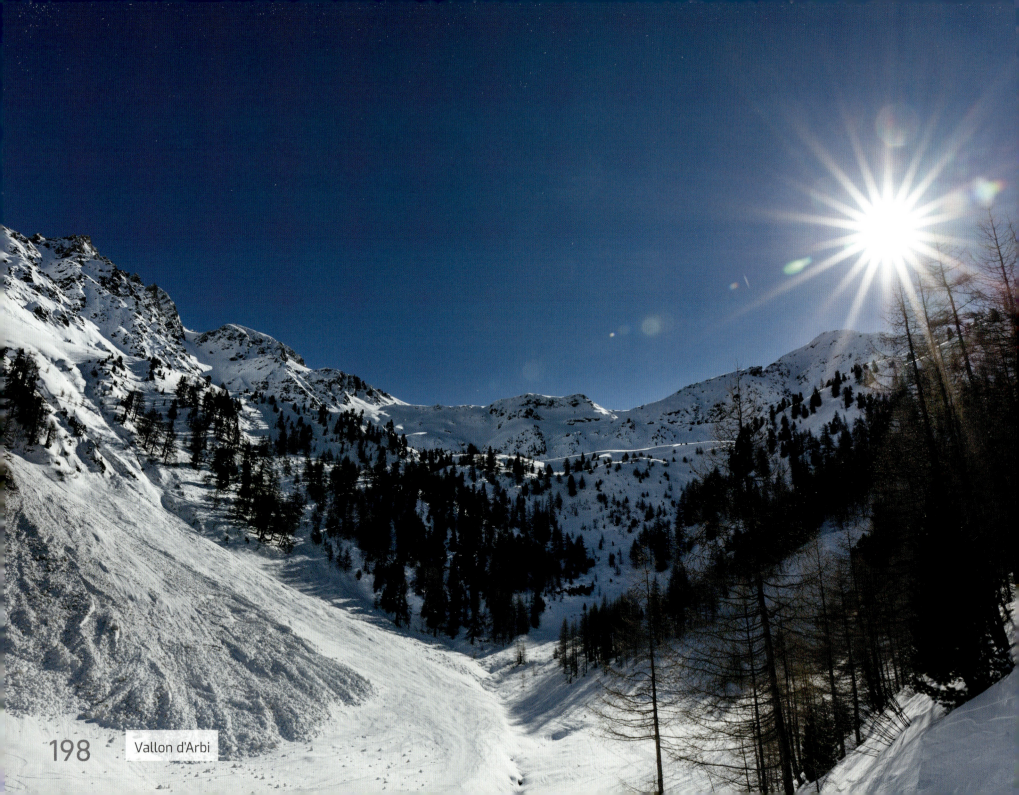
Vallon d'Arbi

Der gefrorene Lac des Vaux / Le lac des Vaux / The frozen Lac des Vaux

Panorama vom Gipfel des Mont Fort (von der Dent Blanche bis zum Grand Combin)
Panorama du sommet du Mont Fort (de la Dent Blanche au Grand Combin)
Panorama from the summit of Mont Fort (from the Dent Blanche to the Grand Combin)

Col des Gentianes vom Mont Fort
Col des Gentianes depuis le Mont Fort
Col des Gentianes from Mont Fort

Dent d'Hérens mit einem Air-Glaciers-Rettungshubschrauber
La Dent d'Hérens avec un hélicoptère de sauvetage d'Air-Glaciers
The Dent'Hérens with an Air-Glaciers rescue helicopter

Le Mont Cervin / Matterhorn

Mont Fort

Mont Fort (Rückseite / versant sud / rear side)

Skifahren auf der Rückseite des Mont Fort / Ski sur le versant sud du Mont Fort / Skiing the back of Mont Fort

Mont Gelé

Chalet Carlsberg (Blick vom Mont Gelé)
Chalet Carlsberg (vue du Mont Gelé)
The Carlsberg chalet as seen from Mont Gelé

Grand Combin

Chassoure

Zwischen Chassoure und Tortin, der japanische Garten
Entre Chassoure et Tortin, le jardin japonais
Between Chassoure and Tortin, the Japanese Garden

Verbier liegt auf einer Sonnenterrasse mit tollem Panoramablick auf das Combins-Massiv und die Mont-Blanc-Gruppe und ist Teil des Wintersportgebiets Les 4 Vallées.

Verbier se situe sur une terrase ensoleillée avec une vue panoramique imprenable sur le massif des Combins et du Mont-Blanc. La station fait partie du domaine de sports d'hiver des 4 Vallées.

Situated on a sunny terrace with stunning panoramic views of the Combins massif and the Mont Blanc group, Verbier is part of the Les 4 Vallées winter sports area.

La Tzoumaz

Isérables

Chalets in La Tzoumaz
Chalets à La Tzoumaz
Chalets in La Tzoumaz

Lass es schneien… / Tombe la neige… / Let it snow…

Weihnachtsdekorationen, La Tzoumaz und Martigny
Décorations de Noël, La Tzoumaz et Martigny
Christmas decorations in La Tzoumaz and Martigny

Chalets in La Tzoumaz / Chalets à La Tzoumaz / Chalets in La Tzoumaz

Les Planards mit dem Mont-Blanc-Massiv
Les Planards avec le massif du Mont-Blanc
Les Planards with the Mont Blanc massif

Rhonetal / Vallée du Rhône / The Rhône Valley

La Forêt Noire

Sonnenuntergang hinter La Tzoumaz / Coucher de soleil derrière La Tzoumaz / Sunset behind La Tzoumaz

Das Mont-Blanc-Massiv (oben), Altels und Balmhorn (unten)
Le massif du Mont-Blanc (ci-dessus), Altels et Balmhorn (ci-dessous)
Mont Blanc massif (top), Altels and Balmhorn (bottom)

Bec des Rosses

Massif du Grand Combin

Aus den Wolken auftauchende Ardève
L'Ardève émergeant des brumes
L'Ardève peaking through the clouds

VERZEICHNIS
RÉPERTOIRE
INDEX

A
Altels 234
Ardève 32, 104, 238
Ardon 220
Arolla 147
Arête de Chassoure 18
Aven 220

B
Balmhorn 79, 235
Bec des Rosses 166, 235
Bisse d'Ayent 86, 87
Bisse de la Chapelle 40, 41
Bisse de Saxon 40, 66, 74, 88, 90
Bisse du Torrent-Neuf 89
Bisse Vieux Nendaz 90
Breithorn 108

C
Chamoson 220
Champoussin 98
Chandolin 102, 103
Charrat 70
Chassoure 213
Col des Gentianes 203
Col de la Marlène 56
Conthey 220
Croix de Cœur 47

D
Dent Blanche 200
Dent d'Hérens 200, 204
Dent de Nendaz 29
Dents du Midi 48, 54, 72, 98, 99
Dent du Perroc 146, 147

Derborence 138, 139, 140, 142, 143, 144, 145, 174, 175, 176, 177

E / F
Erde 220
Fully 70

G
Gornergletscher 110, 111
Grand Chavalard 107

H
Haut de Cry 126
Haute-Nendaz 92, 93

I / J
Isérables 22, 23, 24, 25, 28, 160, 161, 190, 220, 221
Jardin Japonais 214, 215

L
La Creusaz 100, 101
La Fare 20, 21, 75, 186, 187
La Forêt Noire 232
La Salentse 34, 35
La Tzoumaz 55, 68, 128, 129, 180, 188, 218, 219, 225, 233
Lac Bleu 146, 147
Lac d'Emosson 154, 155, 156, 157, 158, 159
Lac de Cleuson 94, 95
Lac de Tseuzier 84, 85
Lac des Vaux 49, 50, 51, 53, 55, 132, 133, 134, 136, 137, 178, 199
Lac de Mauvoisin 150, 151, 152, 153
Le Dôme 53

Le Fou 18, 129
Les Déforants 64, 65
Les Marécottes 100, 101
Les Planards 228, 229
Lötschepass (Lötschenpass) 78, 79
Loutse 104, 105

M
Martigny 70, 71, 225
Massif du Grand Combin 91, 162, 164, 165, 167, 169, 181, 201, 212, 216, 217, 236, 237
Massif du Mont-Blanc 130, 131, 229, 234
Mayens-de-Chamoson 104, 105
Mont Blanc 100, 101
Mont Cervin/Matterhorn 108, 109, 200, 205
Mont Fort 76, 77, 166, 200, 201, 202, 203, 206, 207
Mont Gelé 18, 52, 57, 179, 210, 211
Mont Rogneux 13, 19, 132

N
Nax 69

O
Ovronnaz 104, 105

P
Passerelle à Farinet 148
Pierre Avoi 54, 58, 59, 60, 61, 168, 172, 173
Plan-Bot 106, 107
Plan du Fou 188, 189
Pointe de Champ Ferret 18

R
Riddes 33, 149
Riffelhorn 108

S
Saastal 112, 113
Saillon 36, 37, 67
Saxon 107
Sion 69
St-Luc 102, 103
St-Séverin 117

T
Tête des Établons 19
Tour Bayart 36, 37
Tour Salière 53

V
Val d'Anniviers 102, 103
Val d'Illiez 98, 99
Val de Bagnes 60
Val de Nendaz 94, 95
Vallée du Rhône 30, 31, 33, 58, 59, 69, 70, 92, 93, 96, 106, 107, 126, 127, 230, 231
Vallon d'Arbi 12, 14, 15, 16, 17, 18, 19, 118, 121, 122, 191, 196, 197, 198
Verbier 48, 60, 73, 164, 216, 217

W
Weissmies 112, 113

Z
Zermatt 108, 109

DANKE
MERCI
THANK YOU

Ich danke allen Kunden, die von mir ein beschriftetes Panorama bestellt haben, den Tourismusbüros, die mich zum Fotografieren angespornt haben, meinen vielen Freunden, insbesondere Daniel Faes und Nick Roberts für die Wanderungen und Mini und Dan vom Chalet La Luge für die Skitouren, meinen Bergführern Tomaz Jakofcic und Tina di Batista, denen es immer gelingt, mich aus meiner Komfortzone zu holen (und heil zurückzubringen), und den Reiseanbietern und Immobilienhändlern, die mich als Fotograf beauftragt haben – ihr wisst, wer ihr seid, und ich danke euch allen ganz herzlich.

Spezieller Dank gebührt meiner Frau Tami und den Töchtern Zoë und Lola, deren konstruktive Kritik ich meistens berücksichtige. Pilar Webb danke ich für die wichtigen Ratschläge zu Beginn dieses Buchabenteuers und Philippe Velickovic für das Übersetzen ins Französische. Meine Schwester Andrea hat beim Korrigieren meines ersten deutschen Textes rasch das Handtuch geworfen, ich bitte um Entschuldigung und hoffe, dass die aktuelle Version eher den hohen Ansprüchen einer Lehrerin entspricht.

Ebenfalls ein Riesenmerci geht an meinen Verlag, Hallwag Kümmerly+Frey, besonders natürlich an Danielle Zingg für das Vertrauen und an Thomas Auracher von Funky Strawberry für das Design dieses Buches.

Aux clientes et aux clients qui ont commandé l'un ou l'autre de mes panoramas, aux offices du tourisme qui m'ont encouragé à prendre plus de photos, aux amis qui sont venus se balader avec moi, notamment Daniel Faes et Nick Roberts pour les randonnées, ainsi que Mini et Dan du chalet La Luge pour les randonnées à ski. À mes guides de montagne Tomaz Jakofcic et Tina di Batista qui parviennent toujours à me sortir de ma zone de confort (et à me ramener sain et sauf), aux agents immobiliers qui m'ont engagé en qualité de photographe – vous savez qui vous êtes et je vous remercie de tout cœur!

Un merci tout particulier à mon épouse Tami ainsi qu'à mes filles Zoë et Lola, dont j'apprécie toujours les critiques constructives. Lorsque je lui demandai de corriger mon premier texte en allemand, ma sœur Andrea a rapidement jeté l'éponge. Je m'en excuse et j'espère que la version actuelle est à la hauteur de ses exigences d'enseignante. Je remercie également Pilar Webb pour ses précieux conseils au début de cette aventure livresque, ainsi que Philippe Velickovic pour la traduction française.

Un grand merci également à ma maison d'édition, Hallwag Kümmerly+Frey, tout particulièrement à Danielle Zingg pour sa confiance, ainsi qu'à Thomas Auracher de Funky Strawberry pour la conception de cet ouvrage.

To all of the clients who purchased a labelled panorama from me, to the tourist offices which encouraged me to take more photos, to my many friends, especially Daniel Faes and Nick Roberts who came hiking with me, to Mini and Dan from Chalet La Luge for the ski tours, to my mountain guides Tomaz Jakofcic and Tina di Batista who always manage to take me out of my comfort zone (and bring me back safely), to the travel and estate agents who hired me as a photographer – you know who you are. I thank you all very much!

Special thanks go to my wife Tami and daughters Zoë and Lola whose often harsh reviews I always take note of. My sister Andrea quickly threw in the towel when she was asked to correct my first German text; I apologise and trust that the current version now meets the exacting standards of a teacher. Thank you Pilar Webb for the important advice at the beginning of this book adventure and Philippe Velickovic for translating it into French.

Huge thanks also go to my publisher, Hallwag Kümmerly+Frey, especialy of course to Danielle Zingg for her trust in me and to Thomas Auracher from Funky Strawberry for the design of this book.